AF399330

SOMOGYI RÉKA

AZ ÁLARC MÖGÖTT

novum pro

© 2024 novum publishing

ISBN 978-3-99146-753-3
Lektor: Sósné Karácsonyi Mária
Borítókép:
Sergey Bogdanov | Dreamstime.com
Borító, tördelés & nyomda:
novum publishing

www.novumpublishing.hu

Harcolj vagy falcolj! Harcolj, de ne falcolj! Inkább dacolj a sorssal!
Nem bántottak téged elegen, eleget.
Inkább önmagad is bántod ahelyett, hogy elengednéd a múltat,
S a múltaddal együtt, akiktől melegséget nem kaptál,
csak hűvös, elutasító szavakat, lelki terrort, s ütéseket?
Ideje ébredned, s szeretned a benned megbúvó gyermeket.
Éld meg a jelen minden percét, apró örömét,
a rád mosolygó, szeretettel teli szemeket,
S a szorító ölelések mögött megbúvó, együttérző szeretetet.
A tavasz ébredését, a nyár melegét, a tavak hűs vizét,
A szerelem őszinte, forró csókjának remegését.
Mert ezek a pillanatok adnak értelmet életednek.
Nem a kés, a tűz, a penge.
Felejtsd el.
Távolodj el mindentől, ami benned dühöt, erőszakot szül.
Dacolj a benned lakó démon ellen,
De ne izomból, s fordulj a világ ellen,
Hanem fordítsd tekinteted azok felé,
kik megkönnyezik könnyeid,
S fáj nekik, ha ereidet vagdosod,
Mert úgy érzed, kínjaid közt csak így felejtheted,
s fejezheted ki bánatod.
Tekints a jövőbe! Hidd el, sohasem késő,
hogy lapozz, s nyiss egy új fejezetet.
Legyen ez most más, mint ami volt, s ne félj az ismeretlentől
Azért, mert csak a rosszat ismered és jóban részed aligha volt.
Légy bátor, fogadd el a segítő kezet.
Higgy nekem: ennél rosszabb már aligha lehet.
Megéri, hogy a járatlan utat válaszd.
Szemeid könnyekkel fognak telni,
de nem a bánattól, hanem a boldogságtól,
Amit a szépség és jóság külső impulzusa áraszt.

Az álarc mögött

„Annyira megszoktuk, hogy mások előtt álarcot hordunk, hogy a végén magunk elől is álarc mögé bújunk." – Francois de La Rochefoucauld

Emberi természetünkhöz tartozik, hogy el akarunk menekülni a múlt árnyai elől, amelyek azzá tettek bennünket, akik ma vagyunk. Rose Kennedy filantróptól idézve: „Azt mondják, az idő minden sebet begyógyít. Szerintem ez nem így van. A sebek megmaradnak, idővel az agy, hogy megóvja józanságát, szövetekkel vonja be a sebet és csökken a fájdalom, de sosem múlik el."

Ami engem illet – saját életutamra és tapasztalataimra támaszkodva –, maximálisan egyetértek a filozófiájával. Hiszen hiába töltöttem be a 45-öt, a mai napig együtt élek múltam démonjaival, gyerekkorom meghurcoltatásaitól kezdve hordozom testi-lelki sebeit viszontagságos életemnek.

A kezdetektől, egészen kora gyermekkoromtól, ahogy az értelem és érzelem kezdeti csírái kezdtek kibontakozni az elmémben és a lelkemben, nyomorultul és nyomoréknak éreztem magamat. Néhány évesen persze még így, ilyen formán nem fogant meg bennem, de egy emberi roncsnak, genetikai selejtnek éreztem magamat.

A történetem magzatkorban kezdődött, ahogy anyu ikerterhessége okán – pontosan az orvosok sem tudják, hogyan – a bal szemem nem tudott a méhben fejlődni. Ez azt jelenti, hogy születésem óta a bal szememre sem fényt, sem sötétséget nem látok, térlátásom sincs. Mintha egyáltalán nem is volna. Ez még természetesen nem katasztrófa, soha nem is éltem meg annak, soha nem használtam mentségként vagy kibúvóként semmilyen feladat elvégzése alól. Soha nem is részesültem pozitív megkülönböztetésben. A helyzet tragédiáját abban látom, hogy az apám, nagyanyám, és időnként a családom más tagjai is, a többi gyerek ahelyett, hogy segített volna kompenzálni fogyatékosságomat, amennyire tudott, a porig alázott szóban és tettben egyaránt, lenullázva még ki sem alakult önbecsülésemet, egy torz énképet hozva létre bennem a viselkedésük által. Apám és az anyja amennyire csak lehetett, már a kezdet kezdetétől porig aláztak hozzáállásukkal. Apámnak rendszeresen olyan szavak hagyták el a száját, hogy „te vaksi kurva", vagy „te genetikai selejt". Ez voltam én, és ezzel az énképpel neveltek és nőttem fel. Már ez is örök életre szóló sebet hagyott bennem. Rányomta bélyegét életem teljes eddigi szakaszára, az esélyt sem kaptam meg, hogy teljes értékű, nemhogy értékes embernek érezzem magamat.

Gyerekkoromban nem voltak barátaim, nem szívesen barátkozott senki olyannal, akinek látványos fizikai rendellenessége volt, hiszen az nem lehetett „cool", helyette viszont lettem a közösség „Jumurdzsákja", „Jack Sparrow-ja" és bármi, amit a gyermeki fantázia elbírt. Senki nem állt ki mellettem, nem védett meg, így hamar megtanultam kiállni önmagamért, olykor fizikai agressziót alkalmazva is, részben ezért is töltöttem a gyerekkoromat szinte teljes magányban. Már értelmem nyiladozásától a társadalom perifériáján éreztem magamat, kirekesztve minden létező közösségből.

Kimondhatatlan a fájdalom, amivel együtt kellett élnem, különösen, hogy nem volt senki a környezetemben, akivel megoszthattam volna bánatom, magányom. Hogy miért? Mert a családomra a legkevésbé sem számíthattam. Apám egy rendkívül agresszív, bármiféle apai ösztöntől mentes vadállat volt. Amennyire vissza tudok emlékezni, négy-ötéves koromtól 17 éves koromig rendszeresen és gyakran kőkeményen vert, és az sem kizárt, hogy a család vagy a tágabb környezetem egy férfitagja szexuálisan bántalmazott, noha ennek megtörténtét elsősorban a mai napig visszatérő álmaim és pszichológusaim szavai bizonyíthatnák.

Kegyetlen ember volt. Nem ismert könyörületet. Az öcsémet sem kímélte, de én örök szálka voltam a szemében. Ütött ököllel, hogy a következő pillanatban a földön találtam magam, előfordult, hogy a nyakamat szorította vagy épp szíjjal vert bennünket. Mégis, a fizikai terrornál elviselhetetlenebbként éltem meg a lelkit. Ahogy vasárnap esténként felöltöztettek bennünket, indították az autó motorját és azzal fenyegettek minket, hogy beadnak az almádi nevelőotthonba, merthogy „Két ilyen kurva gyerekkel nem lehet bírni." És mi sírva kiabáltuk, hogy „Apu, ne! Apu, ne!", ahogy akkor is, amikor vert bennünket mint a szöget, és soha nem tudtuk, nem tudhattuk, mikor és miért kapjuk a verést, így állandó készenlétben álltunk a menekülésre.

Ez a készenléti állapot fennmaradt bennem a mai napig: nagyon gyakran valami –természetesen nem valós – félelmet keltő, ijesztő érkezésére szorongok rá. Félek, előfordul, hogy mármár pánikrohamot kapok minden apró kihívástól, amit egy hétköznapi ember egyszerű rutinként kezel. Például egy szupermarket-beli bevásárlástól, ahogy szorítom a bevásárlókocsi fogantyúját és közben úgy izzad a tenyerem, mintha ráolvadna, vagy akár csak beugrani a dohányboltba egy doboz cigiért, levenni pénzt egy automatából, ha mögöttem is állnak. Valahogy a szűk, zárt terekben a legkegyetlenebb érzés állva maradnom és cselekednem.

Visszatérve apámra, ő a létező legalpáribb módon beszélt velem; a kutyához nem szólnak úgy, ahogy ő tette. Porig alázott a szavaival, ezáltal is minden létező vagy megmaradt önbecsülésemtől megfosztva. A mai napig nincs egészséges önértékelésem, nem tudom, mire vagyok képes, milyen célokat tűzhetek ki magam elé. Hol van az a határ, amit még elbírok, teljesíteni tudok.

Apai nagyanyámmal azt a tézist erősítették egymásban, hogy miután kijárom az általános iskolát, „úgyis felcsinálják a leányt, aztán majd ideszül egy gyereket a nyakadra, fiam". Apám azt is bizton állította, meg se próbáljam a gimnáziumot, mert olyan buta és ostoba vagyok, hogy úgysem fogok majd tudni leérettségizni. Valójában az igazság az, hogy elvégeztem egy egyetemet és mesterfokú diplomát szereztem angol nyelv és irodalom szakos bölcsész és tanárként. Őszintén sajnálom, hogy apám ezt nem élhette meg. A sors fintora, hogy a diplomaátadóm éppen az ő születésnapjára esett.

Enyhe vigaszként élem meg, hogy az akaraterőt és kitartást muszáj volt meglátnia bennem akkor, amikor az egyetemen elvégzett első évemet követően, 2006. augusztus 1-én, Balatonfüredről hazafelé biciklizve, Alsóörsön elütött egy autó, mert nem adta meg jobbról az elsőbbséget a sofőr, és életveszélyes állapotban szállítottak kórházba. Az eszméletemet elveszítettem, a veszprémi kórház sokktalanítójában tértem időnként magamhoz. A koponyám súlyosan megsérült, agyalapi törést, agyburok feletti vérzést, agyi ödémát, agyzúzódást szenvedtem, tüdőzúzódást, ezen kívül eltört a bal kulcscsontom, a jobb lapockám, számos csigolyám és bordám. Augusztus 8-án koponyaműtétre kellett, hogy sor kerüljön, mert agyvérzést szenvedtem, és hét hematómát, azaz vérrögöt távolított el az agysebész a koponyámból. Amíg élek, hálás leszek annak az idős, tapasztalt idegsebésznek, aki az életemet mentette meg, és, az időnkénti fejfájásoktól eltekintve, maradandó következmények nélkül felépültem, túléltem a műtétet és a balesetet. De a három héten át, az intenzív osztályon átélt kínokat nem kívánom senkinek, ahogy élet és halál között lebegtem és csak a jó Isten és az életösztön tartott életben, miközben leírhatatlan fájdalmak és szörnyű hallucinációk gyötörtek. Édesanyám naponta jött látogatni, többnyire ő etetett, amikor már képes voltam a falatot a számba venni. Emlékszem, egy alkalommal hosszú percekbe telt elmondanom neki könnyeimmel küszködve, hogy nincs semmi, de semmi a Földön, amiért ha száz évig élek is, a pokolért, amin keresztülmentem, kárpótolhatnának.

Augusztus 24-e körül elbocsátottak a kórházból. Néhány napot pihentem otthon, de én ismét bizonyítani akartam, és minden erőmet összeszedve, az orvosi javaslat tiltása ellenére szeptember elején felvettem a hátizsákot, felszálltam a reggeli buszra és folytattam a tanulmányaimat az egyetemen. Hónapokig tapasztaltam memóriazavart, tanulási nehézséget és persze fizikai fájdalmat, de én ismét belekapaszkodtam a lehetőségbe, hogy megpróbáljam bizonyítani a családomnak, elsősorban apámnak, hogy nem vagyok életképtelen. Az első reggelen, indulásomkor tapasztaltam meg első és utolsó jelét apai aggodalmának, amikor az kérdezte: „Rékám, nem lesz ez túl korai?"

A balesetet követően elvégeztettek velem egy IQ-tesztet, hogy szenvedtem-e maradandó agyi károsodást, és az akkor még zavart tudatom és a három dimenziót, tehát térlátást igénylő feladatok ellenére 122-es IQ-t mértek. Azt hiszem, talán ez az egyetlen eredmény, amivel elégedett vagyok és papíron rögzítve van.

Visszatérve gyermekéveimre, ahogy nőttem, fejlődtem, nem tagadhattam, hogy serdülök, kezdtem testben nővé válni. Azon kívül, hogy apám minden második szava „te kurva", cifrázva „te büdös kurva" volt hozzám, a szexualitás tabu téma volt a családban – még a mai napig is az. Annyira szégyelltem magamat, hogy kezdek nővé válni, hogy 13 éves koromig még arra sem mertem megkérni anyut, hogy vegyenek már nekem a strandra egy bikinifelsőt. 18 éves voltam, amikor a ballagásomra muszáj volt kérnem pénzt egy melltartóra.

A melleimet, ha tehettem, körbefásliztam, hogy ne látszódjék, hogy nőnek. A tényt, hogy megjött a menstruációm, anyámnak csak levélben mertem megírni, és odatettem az asztalára. Még egy-két évvel az első menzeszem után is tőle „lopkodtam" a vattát vagy a tisztasági betétet, mert pénzem nem volt rá. Apámnak ez egy újabb téma volt, hogy rám szálljon és üvöltsön velem, hogy „A picsátok kurva hétszentségit! Erre is csak a pénzt kell költeni! Ahelyett, hogy húst vennénk az árán!" Hogy miért mondta ezt? Mert amikor apám 59 évesen meghalt, több mint 260 kilót nyomott. Évtizedekig máson sem járt az esze, hanem hogy a rokkantnyugdíjából mennyi Unicumot, pálinkát és húst tud venni. Megszállottan foglalkoztatta az evés, ivás gondolata. Ahogy nőttem, egyre jobban undorodtam tőle, és hol sajnáltam, hol egyszerűen csak szánalomra méltónak találtam. Hiába zuhanyozott le minden este, én ápolatlannak, folyton izzadtnak, büdösnek, szőrösnek éreztem. Tizenévesen egy légtérben is alig tudtam megmaradni vele. Az egyetlen TV a nappaliban volt még akkor, és ha megnéztem a kedvenc sorozatomat, közben apám végig annyira taszított, hogy arra figyeltem, hogy minél kevesebbszer vegyek levegőt, hogy amit a tüdejéből kifúj, abból minél kevesebb kerüljön az én tüdőmbe. Tudom. Nagyon durva. De így történt.

Ami az ünnepeket illeti? Ajándékot soha, semmilyen alkalomra nem kaptunk, azzal az indokkal, hogy nincs rá pénz.

Apám még a fenyőfa árából is kiszámolta, hogy mennyi karajt tudott volna venni helyette, annak ellenére, hogy a fát anyu fizette. Apám nekünk soha, semmire egy büdös vasat nem adott. Tőle szó szerint akár éhen is halhattunk volna. Az ételt, amit vett, külön, a „saját" polcaira pakolta a hűtőben és azt mondta, hogy „Edd, amit anyád vesz. Te az ő kölyke vagy!"

Visszatérve a karácsonyra… Annak dacára, hogy nem kaptam ajándékot, én mindenkinek adtam valami apróságot. Hogy miből? Visszaváltottam a rekesznyi betétdíjas piásüvegeket, amit apám és anyám megivott. A helyükre kerültek a sörösüvegek, a láda tetejére anyu kétdecis konyakos és Éva vermutos üvegei. 11-12 éves koromtól ebből volt zsebpénzem. De mindez számomra természetesnek és normálisnak tűnt, ahogy minden, ami akkor velem és körülöttem történt. Így az is, hogy anyu életem 20 évét végigitta, masszív alkoholista volt. El kellett volna válnia apámtól, otthagyni őt, de anyu a könnyebb utat választotta, az italt, amibe mélyen elmerült és magával rántott bennünket is.

Nem voltak ünnepek, születésnapok, békés, szeretetteljes családi összejövetelek, kirándulások, nyaralások. Ami helyette volt, hogy egyedül töltöttem a szentestét, mert anyu a nappaliban felállított karácsonyfától két méterre, részegen kiütve aludt a kanapén, apám pedig az öcsémmel lakomázott, pezsgőzött nagyanyámnál. Én ott soha nem voltam kívánatos személy, így az udvaron sétálgattam, hógolyóztam egymagamban, valahol két világ határán: apámék víg kedélye és édesanyám nyomorúsága között. De inkább egyedül voltam, úgy nyugodtnak és biztonságban éreztem magam, csak a lelkem telt meg keserűséggel, ott, azon a ponton éreztem, hogy ez így sehogy sincs rendjén.

Lelkem elsorvadt, testem a porba hullt,
Egészen elfogytam, mint az egyre csonkább telihold.
Írnék, sírnék, de helyette vergődök nap nap után,
Nincs, ki segíthetne rajtam átvirrasztott éjszakán.
Jön az este, s én magamba fordulok,
Nincs, ki engem megmenthetne,
Lassan eltűnök e Földről,
Mint a vihartól sújtott tiszta víztükör.
Mint alkonyatkor eltűnő délibáb,
úgy sorvadok el magam is,
Reszketek, mint falevél az őszi szélben még
csendes magányomban is.
Üvölteni akarok, de még azt sem tehetem,
Mert hát mit gondolna anyám, na meg a szomszédok,
természetesen.
Mert életem nem járhattam a magam útján sohasem,
Másoknak kellett megfelelnem,
Így tettem hát, de a dicséretet nem nyertem el,
Helyette vesztesnek tüntettek fel,
S én ordítani tudtam volna a haragtól: „Mondjátok,
mit adjak még?! Nem maradt már lelkem sem."
Néha még most is indulat, düh, harag kísér,
hogyha jóanyámra tekintek,
Mert élete alkonyán még most is azt az értetlen
piást látom, akit gyermekkoromban,
Megfáradt, őzike szemeiben.
Hogyha tehetném, elhagynám ezen átkozott falakat,
csak valahol, bárhol békére lelnék Isten oltalma alatt.
Nem akarok emlékezni, sem álmodni,
hogy a múltban mennyi szörnyűségen mentem át.
Helyette bátran a jövőbe tekinteni, hinni, s elhinni,
hogy létezik és vár rám egy szebb világ.

Apai nagyanyámmal olyan rossz volt a kapcsolatom, hogy nem is volt köztünk az ellenségességen kívül semmilyen más érzés sem a részéről. Már korán kijelentette, hogy neki nem kell lányunoka, mert ő utálja a lányokat. Ennek megfelelően nem is vett soha emberszámba. Ember az ő szemében csak fiúgyermek vagy férfi lehetett. Rettegtem tőle is, ahogy apámtól. Emlékszem, egy alkalommal – még kicsi lány voltam – maga mellé rendelt a konyhába, hogy segítsek neki a főzésben. Annyira meg voltam dermedve a félelemtől, hogy minden utasítására azt feleltem: „persze, mama, persze". Erre rám kiabált dübörgő hangon: „Nem persze. Értettem." Elvárta, hogy magázzam, így is még tekintélyt követelőbbnek érezhette magát előttem, míg az öcsém természetesen tegezte őt. Sütött a ráncos arcáról az undor és utálat, valahányszor csak rám nézett. Az öcsémet és az 5 évvel fiatalabb unokatestvéremet ajándékokkal halmozta el születésnapjainkon, míg én egy üdvözlő szóban nem részesültem. S ha meg mertem kérdezni, hogy miért, a válasz csak ez volt: „Elfogyott." Szép lassacskán belőlem is a szavak. Előttem majszolták a kertben termett csodás epret, míg én csak nézhettem, de kapni nem kaptam belőle. A főztjét akkor is meg kellett ennem, ha tudta, hogy utána kihányom a kertben.

Elbújtam előle, ahova és amikor tudtam, és ha kellett, bepisiltem, de nem jöttem elő, amíg anyu délután négy óra körül haza nem ért. Vagy épp a küszöbünkön kuporogva vártam. De mit is? Azt, hogy anyukám rövid időn belül kiüsse magát az italtól, és beájuljon a kanapén vagy az emeleti hálószobájukban. Emlékszem rá, mert volt alkalma és ideje bevésődnie: én ott ültem az ágya szélén, figyeltem, hogy lélegzik-e – rendszeresen öngyilkossággal fenyegetőzött, színlelt vagy kísérelt –, és úgy hat éves lehettem, amikor elkezdtem imádkozni Istenhez: „Istenem, kérlek Téged, szabadítsd meg az én édesanyámat az alkohol rabságától." Isten egy nap meghallgatta az imámat, de akkor én már 20 éves voltam és egy lelki-idegi roncsnak éreztem magamat – azt hiszem, már akkor az is voltam. Ezen a ponton ébredtem rá először, hogy „De ami volt, az nem jön vissza többé soha./Az idő egyirányú utca./Örökké zuhog a jelen, s örökké/száraz lábbal kelünk át rajta: a múlt fölissza/szempillantás alatt. Lábbal előre vissza/nem szökken a műugró a trambulinra, és nem/lesz már a csorba ép, a foltos újra tiszta..." (Rakovszky Zsuzsa: Egyirányú utca)

Soha nem felejtem el az éjszakákat, amikor rendszeresen arra ébredtem, hogy lever a víz és szinte dobáltam magam az ágyon, úgy remegtem, és rettenetes gyomorfájás tört rám. Ez általában órákig eltartott, majd erős hasmenésben tetőzött, ezután sikerült megnyugodnom, de minden erőmet kivette ez a félelmet és szorongást keltő rosszullét. Annyira rettegtem egy idő után ezektől a borzalmas éjszakáktól, hogy nem mertem elaludni. Figyeltem, koncentráltam az utcalámpa ablakon beszűrődő fényére, és addig nyugodt voltam, mert hittem, ha ébren maradok, nem történhet velem baj.

Azt korán belénk verték, hogy ami otthon történik, arról soha senkinek nem szabad beszélni. Visszatekintve, nevetséges színjáték volt az egész: a településen gyerek, felnőtt tudta, hogy anyu alkoholista. Pedagógus volt, az általános iskola igazgatóhelyettese, és számtalan alkalommal járatta le magát, veszítette el emberi méltóságát, én pedig szó szerint megsemmisültem a szégyentől az olyan eseményeken, mint az iskolai farsangi bál, vagy más tanári összejöveteleken, iskolai rendezvényeken. Ahogy a bálok után olyan részeg volt, hogy úgy kellett betenni az autóba, mert már járni, beszélni alig tudott, úgy éreztem elsüllyedek a szégyentől. Apám pedig otthon alaposan megverte szegény anyámat, hogy leitta magát, miközben üvöltötte neki „szívmelengető" szavait: „Az anyád kurva picsáját! Már megint bebasztál!" Én pedig egy ponton túl, amikor már nem bírtam tovább nézni, mit művel apám anyuval, közéjük álltam, hogy inkább engem üssön, mint magatehetetlen, kiszolgáltatott anyámat.

5-6 évesen még magamat sem tudtam megvédeni, ezért sírva, zokogva könyörögtem ennek a vadembernek egy alkalommal a lépcsőfordulóban állva, hogy „Kérlek, apu, ne üsd anyut, ne bántsd az én anyukámat!" De ez a gátlástalan, ösztöneitől vezérelt állat egyre csak ütötte-verte őt. Szinte még most is érzem az akkori bénult tehetetlenségem szülte kínt.

Kiírnám magamból kínjaim,
mert ennél gyötrelmesebb már nem lehet,
De nem érezném magam egy szikrával sem jobban.
Különben is, már számtalanszor megtettem,
s ettől változni nem változott semmi.
A pokol legsötétebb bugyra sem lehet kínzóbb a kínoknál,
amit ebben a házban éjjel és nappal is megéltem,
Kifogytam az ötletekből, hogy tehetném elviselhetőbbé
ezt a pokoli létet.
Falcolnám az ereim, tablettákat tömnék, az ájulásig innám magam,
Csak ne érezném a kínt, amitől darabokra hullok magányosan.
Várom, vágyom a hőn áhított megkönnyebbülést, a megváltást,
De helyette csak az üszkös télbe hajlunk, s én üvöltve kiáltanám:
„Istenem, segíts, mert már nem bírom!
Ne tégy rám ekkora terhet, ily' súlyos követ!"

Telítődtem dühvel, haraggal, haragszom szülőanyámra,
Aki csak tétlenül figyeli, ahogy egyszülött lányát
a lesújtó depresszió az őrületbe viszi.
Csak a külsőségek, csak azok számítanak neki,
„Tudod, anyám, mi segítene? Ha visszapörgethetnénk az idő
kerekét, s a lelkemet nem egy patológiás családban építgetnéd."
Mert a lelkem rohad, s vele együtt a testem is,
De te nem akarod meglátni az ok-okozatot,
Mert túl fájdalmas volna az igazság, ami úgy tűnik,
csak az én szívemben dobog.

Gyűlölöm apámat, s apai nagyanyámat,
mert már születésem pillanatában elfordultak tőlem,
S mindössze egy genetikai selejt maradtam
életük végéig a szemükben.
Így nőttem fel, hogy a törődés, s szeretet szikráját nem érezhettem,
Hagytak volna a szarban úszni, ha anyám nincs,
aki legalább tisztába tegyen.

Teltek-múltak az évek, s anyám egyre többet piált,
Segítségért kiáltottam volna, de a szülői szigor megtiltotta,
Hogy bárkinek kiadjuk családi szégyenünk,
Például, hogy apám üt-ver minket, anyám alkoholista,
Így hát némán tovább szenvedtünk.

Haragszom Istenre, amiért mindezt megtörténni hagyta, engedte,
Mert ez az eredete a mérhetetlen dühnek és fájdalomnak,
A testi-lelki kínoknak,
Amik a lelkemet a mai napig szanaszét szabdalják.

Ahogy éreztem akkor is, amikor nemegyszer nekem kellett vigyáznom anyura, hogy le ne részegedjen, míg apám elment horgászni vagy kirándulni az öcsémmel. A vége természetesen előre elrendeltetett: anyu leitta magát. Volt, hogy ájultan feküdt a nappali szőnyegén és én nem tudtam magához téríteni, akárhogy pofoztam, és nem is volt kitől segítséget kérnem. De abban tudtak „segíteni" a környezetemben lévők, hogy mélységesen elszégyelljem magam. Amikor megkérdezte a helyi élelmiszerbolt tulajdonosa, hogy „Édesanyád még mindig annyit iszik?" Vagy amikor kislányként zongorázni tanultam, majd áttértem a hegedűre, mert zsigerből éreztem a zongoratanár ellenszenvét irányomban, és volt olyan kegyetlen, hogy egy véletlen találkozásunkkor a fejemhez vágta, hogy „tudom, hogy az anyád a helyi általános iskola igazgatóhelyettese és egy alkoholista, nincs is otthon zongorátok, az iskoláén gyakorolsz". Majd köszönés nélkül, könnyed léptekkel továbbsétált. A lelkem mélyén zokogtam a fájdalomtól, de ki nem adhattam a kínzó érzéseket. Nem engedhettem meg magamnak, nehogy bárki azt higgye, hogy „szívmelengető" szavaival elégtételt vett. Én szégyelltem magam. Én éreztem bűntudatot. Én cipeltem a család lelki terheit.

Szégyelltem apámat, amiért egy vadbarom volt, erőszakos és buta, tudatlan, tanulatlan és rendkívül elhízott. Halálakor, 59 évesen már több mint 260 kilót nyomott. A gerince tönkrement, járni alig bírt a hatalmas súlytól, a direkt az ő számára vásárolt autó kormánya mögé már be sem fért a hasától az utolsó hónapjaiban. Nekem ekkorra a dühöm, látva nyomorult szenvedését, lassan sajnálatba fordult át. Két hétig folyamatosan sírtam, miután meghalt. Megviselt a halála, akármilyen szívtelen, kegyetlen ember is volt abban a 28 évben, amit egy fedél alatt töltöttünk.

Alvással, álomban telt el a nap hasztalanul
És most rettenetet hoz magával az éj,
Nincs, ki megnyugtatna, az elmémet vad téboly tépi szét.
Ijesztő érzés, s mi rémisztőbb, hogy magamra maradtam vele,
Talán csak könnyek csillapíthatnák,
De a feszültség nem engedi be,
Hogy belepje arcomat és megkönnyebbüléssel töltse
el lelkemet,
Csak a feszítő fájdalom, a szorongástól ziháló lélegzet,
mi maradt lelki béke és nyugalom helyett.
Őrület kíséri minden áldott percemet,
Ez a ház, a légkör felőrli még épen maradt lelkemet.
Mi ez a szellem, mi nem hagy békében pihenni,
Pusztuljon innen, ez az én otthonom,
Mégis el kell hagynom, ha életben akarok maradni.
Bárhol jobb, mint e falak között,
Ahol egy éjszakát is eltölteni pokoli kín,
Mindez az én hibám vagy egyszerűen Isten akarja így?
Már nem félek semmitől, nincs hely, mi jobban elrettentene,
Ez az áldása, ha az embernek nem maradt
nyugalmat adó helye, mit otthonnak nevezhetne.
Azt érzem, nem vagyok egyedül, van itt valami alantas erő, mi
addig zaklat, míg el nem tűnök örökre, mindenestől.
Ki vagy te? Apám szelleme? Legalább halálodban hagyj
békét, ha már életedben nyugalmamba nem nyugodtál bele.
Ha testben manifesztálódnál, cafatokra tépnélek szét,
De ahhoz nem vagy elég bátor, hogy ízekre szedhesselek szét.
Örökre elhagyom ezeket a kísértet-járta falakat,
S életem derekán kezdek új életet, hogy végre megérdemelt
békével és boldogsággal ajándékozzam meg magamat.

Szégyelltem magam az alkoholista anyám miatt, aki minden lehetséges alkalmat megragadott, hogy leigya magát. Bűntudatot éreztem, mert magamat hibáztattam és magamat éreztem felelősnek anyu alkoholizmusáért. Egy alkalommal még ő – ha nem is színjózanon –szavaival meg is erősítette. Gyermek voltam, a derekáig értem, ahogy ő a tükör előtt állt az előszobában és én megkérdeztem tőle, hogy „Anyu, miért iszol?", miközben a nadrágját rángattam. A válasz rövid volt, de örökre mélyen belém égett: „miattad". Elgondolkodtam a válaszán és arra a következtetésre jutottam, hogy biztosan a bánatát folytja az italba, amiért egy nyomorékot hozott a világra.

Szégyen. Bánat. Bűntudat. Egyebek mellett ez a három érzés töltötte be a lelkemet egészen mostanáig. Nem tudtam, még ma is csak ízlelgetem, hogy mi az, milyen is lehet az öröm, a derű, a boldogság és a belső béke. Olyan volt a lelkem, mint a háborgó tenger. Soha nem volt nyugalmam. Azzal a bizonyos készenléti állapottal, állandó feszültségben, félelemben éltem akkor is, ha már nem volt rá okom. Állandóan úgy éreztem, hogy nem vagyok jó helyen, mennem, menekülnöm kell, mindegy, hogy hova, bárhova, akárhova, csak el otthonról. Életem során egy pillanatig nem éreztem otthonomnak a házat, ahol felnőttem. Csak azt éreztem, noha akkor még nem fogalmazódott meg bennem, hogy a feszültség, a düh, a harag olyan fokára hágott bennem, amit valamilyen módon le kellett vezetnem, különben megtébolyodok. Ütöttem, vertem az öklömet a falba, sírtam, ha tudtam, hogy megkönnyebbüljek és pár percnyi megnyugváshoz jussak, sportoltam vadul, nem ismertem benne mértéket. De apám még ez utóbbit is keserűvé tette számomra. Például egy nap büszkén jöttem haza egy megyei atlétikaversenyről. Kivételesen jó eredményeket értem el, és hazafelé azon tűnődtem, hogy milyen büszkék lesznek rám a szüleim, ha majd elmesélem, milyen remekül szerepeltem. De most sem alakult úgy a nap, ahogy szerettem volna. Hazaérve anyut atom részegen találtam, apám pedig üvöltött velem és megvert, amiért nem vigyáztam anyámra, ahogy apám fogalmazott: „hogy be ne basszon".

Persze én sem vagyok szent. 15 évesen szoktam rá a cigarettára, és ekkor kezdtem felfedezni az alkohol önpusztító mámorát. De hogy Oscar Wilde-ot idézzem: „Minden szentnek van múltja és minden bűnösnek van jövője."

Egy rövid ideig jártam hittanra is, mert ott békére, nyugalomra és szeretetre leltem. De amikor apám megtudta, elképesztően dühös lett és azzal fenyegetett: „hogyha még egyszer elmész oda, az én házamba többé be nem teszed a lábad". Be is tartotta volna. Attól is megfosztott, hogy jó emberek között szent és bölcs tanításokra tegyek szert és lelki békére leljek. Mert ami az ő életéből hiányzott, az másnak se adassék meg. Ha hajnali 5.00-kor kelt, addig ütötte a széntüzelésű kazán falát egy vas szerszámmal, amíg úgy nem zengtek a radiátorok az egész házban, hogy nemcsak hogy aludni nem lehetett, de ébren sem lehetett elviselni.

Sötétség borult a városra, tehetetlenséget hozva
magával szánalmas voltomra.
A lelkem vinne, mindegy, hogy hova, bárhova, de a szorongás
megakadályozza, hogy a testem épen, lábam csak éppen
tegye egyiket a másik után.
Gyengeségem honnan ered, hogy mint a sasmadár,
nem repülhetek?
Vagy csak mint az újszülött őzgida, csetledezve, botladozva,
de bátran, félelmek nélkül, még ha reszkető lábakkal is,
de megálljon anyja védelmező oltalma alatt.
Oh, hát igen! Ez lehet az!
A biztonságérzet hiánya, mi még a sötétségtől is elriaszt,
S most bezárva a négy fal közé, kínomban csak írogatok.
Sovány vigasz.
Nem tudom, milyen, ha biztonságot érzek,
De azt jól tudom, milyen, amikor már gyermekként
anyádat véded,
Mert apád verésétől reszketsz állandó készenlétben,
Hogy mikor sújt le rád haragjában kíméletlenül keményen.
S a tested már nem is a fájdalomtól reszket,
Hanem megbénulsz észrevétlenül,
S tested helyett a lelked szenved, mert nem tudja,
mikor kapja a következő ütést,
S egy idő után már hiányzik, sőt provokálod az erőszakot,
Hogy sújtson le rád az öklével,
Pedig ő kéne, hogy legyen a prédád, az áldozatod.

Apám lesújtott rám démoni dühével,
ha nem „vigyáztam" anyámra,
De a verés nem sok nyomot hagyott bennem,
Annál inkább sajgott, fájt a lelkem,
Hogy édesanyám az italhoz menekül
apám kegyetlenségei elől.
S nekem kisgyermekként őt a földről kellett
összeszednem, ájultan, eszméletlenül.
Így teltek az évek. Ebben a pokolban nőttem fel magányosan,
Mert az otthoni légkör engem is erőszakossá tett,
Így nem tettem szert egyetlen barátra sem.
Nem mondhattam el, mi az, ami kínoz,
miért is vagyok a periférián,
Ezt belénk verték öcsémmel, hogy ajkunkat szó ne hagyja el,
Milyen kínzóan élhetetlen is az otthoni lét,
Így nőttünk fel, mint a parlagon hagyott föld,
Senkit nem érdekelt vagy törődött vele, hogy miért.

Így teltek a mindennapok, így teltek el az évek, gyermekkorom évei. Történt még valami 6. osztályban. Azt hiszem, mély depresszióba estem úgy november környékén, erős kényszergondolataim is voltak, még aludni sem tudtam tőlük, szörnyen gyötörtek. Teljesen letarolt, megsemmisítő volt az érzés, és akkor, gyerekként azt hittem, megbolondultam. Nem is mertem, de nem is volt kinek beszélnem róla. Tanulni, figyelni alig tudtam, a jegyeim leromlottak. Anyunak azért feltűnt, hogy valami nincs rendben velem, és én el-elhintettem, hogy „nehézségekkel" küzdök.

Az öngyilkosság gondolata foglalkoztatott, ez jelentette a mélypontot. Úgy éreztem, már soha nem leszek a régi, vidám önmagam. Akkor valami meg is tört bennem, és valóban nem éreztem többé azt, hogy a gondtalan gyerek mindennapjait élem. Hiszen akkor minden –valójában – traumát az élet normális velejárójának éreztem. Azóta érzem folyamatosan a csomót a torkomban, a súlyt a mellkasomon, valami megfoghatatlan fájdalmat és terhet a lelkemben. Nyom és nyomaszt, néha mintha egy képzeletbeli szakadékba húzna le, mintha onnan már soha nem volna a napfényre vezető út, de ma már könnyebb. Van segítségem. Van pszichiáterem, aki kitart mellettem, ha rosszabbra fordul az állapotom, és lelket önt belém, amikor a legnagyobb szükségem van rá. Kiváló szakember. De az is az igazsághoz tartozik, hogy a pszichiáteremtől idézve: „Jobb nem lesz, Réka. De lesz jobb." Miután zokogva írtam egy e-mailben, hogy „Most tudatosult bennem, hogy ami van, az marad. Én már ebben az életben lelkileg soha nem fogok teljesen felépülni, én már nem mondhatom, hogy egészséges vagyok." Elfogadtam, hogy én a béke és öröm töredéknyi pillanataiért élek, kell, hogy éljek, és ami másnak természetes és magától értetődő – az egészség –, az nekem a legcsodálatosabb ajándék, még ha oly rövid ideig tart is.

A depresszió és a kényszer minden évben visszatért, a legsúlyosabban akkor viselt meg, amikor továbbtanultam 15 évesen. Egy erős gimnáziumba kerültem, ami az ember lelkét kiöli, és én féltem mindentől és mindenkitől. Kiszolgáltatottnak, védtelennek éreztem magamat. Kafka szavaival élve, úgy éreztem magam, mint meztelen a felöltözöttek között. Kisebbrendűségi érzésem, nulla önbecsülésem és önbizalmam itt ütközött ki igazán. Szégyelltem magam. Mindent egybevéve azt, aki vagyok. Olyan érzésem volt, mintha ismerték volna a hátteremet, ahonnan jövök. Szégyelltem magam a szemem miatt. Azt hiszem, okkal-joggal, mert akkor szakadtam ki először az otthoni környezetből idegenek közé, akik csak megbámultak. A lelkembe égett a tekintetük. Fél évnél tovább nem is bírtam, és átiratkoztam egy gyengébb gimnáziumba. Ott meg az őszinteségemért utáltak meg a tanárok, mert az osztályfőnök kérdésére, hogy miért el onnan és miért ide, én azt mertem válaszolni, hogy „úgy tudom, hogy itt a közepes képességű tanulók is le tudnak érettségizni". Ezzel a mondatommal – no meg az erős igazságérzetemmel – az érettségiig elvágtam magam a tanárok előtt, és bármilyen szorgalmasan is tanultam és hittem azt, hogy tiszta lappal kezdhetek, közepesnél jobb jegyet nem kaphattam. Egy idő után feladtam a szélmalomharcot, és az osztály fekete bárányává váltam.

Mind a négy osztálykiránduláson atom részegre ittam magam, hogy felhívjam magamra a figyelmet az osztályfőnök és a kísérő tanárok előtt, hogy végre megkérdezzék, hogy mi a baj, de ez eszük ágában nem volt, inkább csak elnéztek felette – vagy inkább úgy fogalmaznék, hogy átnéztek rajtam a 4., érettségi előtti osztálykirándulásig. Közben a 2. tanévben meghalt tüdőrákban az osztályfőnökünk, de nem viselt meg különösebben. Helyette kaptunk egy 28 éves, fiatal, kedves, emberséges, empatikus tanárnőt, aki a győri osztálykirándulásról hazafelé jövet a detoxikálóba akart vitetni, de végül az egyetlen osztálytársam szobájában ébredtem, aki még hétfőn szóba állt velem. Aztán kihívott az ofő, és szeretett volna elbeszélgetni velem, miszerint tudja, hogy ez nem először fordul elő. Mégis „mi a baj?" És akkor hoppá, eszembe jutott, hogy ami a családban történik, a családban kell maradnia, hiszen ezt verték belénk. És pár másodperc csend után csak annyit mondtam: „Én már csak ilyen hülye vagyok". És közben a szívem szakadt meg.

A 2. évben egy szintén erős gimnáziumból átigazolt hozzánk egy tanuló, Katának hívták és gyönyörű, nőies, igazi nő volt, nagyon csinos, és nem félt kihangsúlyozni a nőiességét. Én már akkor is poénkodtam ott, ahol lehetett, meg gyakran ott is, ahol nem, más okot nem tudok, de valamiért különös módon kereste a társaságomat. Fogalmam sem volt, mit akar tőlem egy ilyen pénzes bombázó, ráadásul olyan vonzó, hogy a lélegzetem elállt tőle. Közel kerültünk egymáshoz, jó barátnők lettünk, ő okos lány volt, az egész habitusomból levágta, hogy a nőkhöz vonzódom. Ez mintha imponált is volna neki, és nem értettem, miért, mert ő falta a pasikat. Az elején elkövettem azt a hibát, hogy 15 évesen sík részegre ittam magam azon a szilveszteri bulin, amin ő is ott volt, és már nem tudom, hogy miért, talán részben, hogy felhívjam magamra a figyelmet, széttörtem egy pezsgősüveget és összevagdostam vele a bal karomat. Katával gyakran egy ágyban aludtunk, előttem fürdött, kérte, hogy tartsak vele, de én szégyelltem magam és elutasítottam. Máig csalódással tölt el, hogy soha nem történt köztünk semmi.

Férfiakkal le-lefeküdtem, de csak azért, hogy „normálisnak" higgyen a környezetem. Kb. 17-18 éves korom körül 5-7 pasival szexelhettem, azt sem tudom már, melyik vette el a szüzességemet: minden alkalommal tök részeg voltam, csak így voltam képes megtenni, és utána minden alkalommal iszonyatosan mocskosnak éreztem magam és undorodtam magamtól.

Az öcsém egy távoli városban tanult tovább, egy erdészeti szakközépiskolában. Kollégista lett, de minden hétvégén „muszáj" volt hazajönni a haverokhoz, a barátnőjéhez, és hogy bulizzon. Azt gondolom, hogy szerencsés volt, mert 14 évesen kiléphetett abból a földi pokolból, amit nekem még hosszú évekig el kellett viselnem.

A gyermekkor elmúlt, ahogy a tinédzseréveim is, és sem boldognak, sem gondtalannak nem volt nevezhető, csak mélyről jövő bánat, szorongás, szégyen, fájdalom telepedett a helyére.

Az egyetlen törődést a nagynénémtől kaptam. A nálam 5 évvel fiatalabb fiát jobban szerettem, mint a testvéremet, és ha otthon cirkusz volt, csak átmentem hozzájuk, hogy egy kis nyugalomra leljek. Az unokatestvéremmel már úgy 11-12 éves korom óta sokat játszottam, foglalkoztam, volt, hogy rám bízták a szülei, ha például elmentek moziba. Korcsolyázni tanítottam, később, ahogy elkezdett suliba járni, írni, olvasni, számolni. Nagyon szerettem őt, és nagyon szerettem foglalkozni vele, vigyázni rá.

Olyan 16 lehettem, amikor a nagynéném először nekem mondta el, és amíg hónapokkal később ki nem derült, csak ő és én tudtunk róla, hogy csalja a férjét. Természetesen én senkinek nem mondtam el; ha a nagyanyám megtudta volna, megöli mindkettőt. De egy nap lebuktak, ahogy a szeretőjével – aki még most is a férje – csókolóztak. Hatalmas balhé volt belőle, a nagyanyám, mint a mesében, csak ez nem volt olyan vicces, vasvillával kergette a menyét. Aznap este összepakoltak, és utána már csak néhány alkalommal találkoztam velük. Meg lettem fosztva az egyetlen ‚asylum'-tól, menedéktől, ahová 16 éven át menekülhettem egy kis békéért és nyugalomért. Otthon a cirkusz estéjén néztem ki a teraszra nyíló ajtón, és csak annyit mondtam, hogy „Tudtam, hogy ebből nagy baj lesz." Aztán apám rákérdezett, hogy „Te tudtál róla?" Én meg feleltem, hogy már hónapok óta. Apám kevésbé, nagyanyám viszont még jobban meggyűlölt érte. Ha még egyáltalán ez lehetséges volt. Ezután az ex-férj, a nagybátyám persze még masszívabban elkezdett inni, onnantól kezdve egész napját a kocsmában töltötte, néha ott is aludt el. Borzasztóan sajnáltam, és fájt a szívem érte.

Miután leérettségiztem, fogalmam sem volt, hogy mégis mit kezdhetnék magammal. Tudtam, hogy apám csak véges ideig tűri el, hogy otthon vagyok, de semmi ötletem nem volt. Egy érettségivel maximum csak három műszakban, egy gyárban tudtam volna elhelyezkedni. Aztán hirtelen felmerült egy lehetőség: Balatonalmádiban a Gábor Dénes Főiskola egy kihelyezett tagozata, de azt sem tudtam, mi az, mit oktatnak ott, mire szakosodott. A tájékoztatóban is ködösen fogalmaztak. Ösztöndíjat biztosított a helyi önkormányzat számomra az első szemeszterre, de én anyuval megbeszéltem, hogy ez tulajdonképpen egy főiskola, ködös a leírás, nem megyünk bele. Azonban előtte írtam egy pályázatot az önkormányzathoz, amit egy ülésükön – annyira megfogta őket – felolvastak, és nekem ítélték az ösztöndíjat, de akkor még nem tudtam, hogy az csak egyetlen félévre szól. Nekem – ahogy írtam – rossz érzésem volt, nem vállaltam be, de egy nap ott találtam egy csekket az ágyamon 58 ezer forintról, ami az első félévi tandíj volt. Anyunak egyre kevesebb józan pillanata volt, és tett rá, hogy miben állapodtunk meg, ő „intézkedett". Borzasztóan dühös voltam; azt hiszem, akkor sem volt józan, mikor kiabáltam vele, de nem érdekelt. Végül két évet jártam oda, és mint kiderült később, tulajdonképpen a Gábor Dénes Műszaki Informatikai Főiskola kihelyezett tagozata volt, megtűzdelve még olyan plusz tárgyakkal, mint környezetvédelem. A gond csak az volt, hogy a befizetett tandíj ellenére egy árva könyvet, jegyzetet nem kaptunk, matematika vizsgára még az A4-es papírt is nekünk kellett vinnünk. A félévente 10 000 forint feletti tankönyvcsomagért nem kaptunk semmit, az iskolában internet is alig volt, de még tanár és óra sem gyakran. Fél év után így át kellett jelentkeznem a Veszprémi Egyetem GDF kihelyezett tagozatára, de ott csak tátogtunk, mint hal a parton, mert úgy le voltunk maradva. Kénytelen voltam belátni, hogy hiába a három félévre befizetett tandíj, én ezt képtelen vagyok tovább csinálni, a reál tárgyaktól egyébként is szörnyen idegenkedtem általános iskola óta.

Valamit muszáj volt kezdenem magammal. Kata – gimnáziumi „szerelmem" – már majdnem két éve kint élt Londonban, és megbeszéltük, hogy az lesz nekem a legjobb, ha én is kint próbálok szerencsét. A végső döntést akkor hoztam meg, amikor egy szombati napon, hazaérve az egyetemről állt a bál otthon, mert az alkoholista nagybátyám delirált, pókokat, kígyókat látott mindenfelé és mindenkire késsel támadt, aki felé közeledett. A mocskos nagyanyám odajött hozzám és azt mondta, hogy beszéljek vele, rám biztosan hallgatni fog, emlékezzek rá, hogy gyerekkoromban mennyire szeretett. Arra gondoltam, hogy nekem gyakorlatilag teljesen mindegy már, mi történik velem, azt sem bánom, ha ennek az egésznek vége, így mindenféle félelem nélkül átmentem a kocsmába apám öccséhez, és próbáltam a lelkére beszélni – egy deliráló alkoholistának –, hogy engedje meg, hogy az orvos beadja neki a nyugtatót és hagyja magát beszállítani Sümegre, a pszichiátriára. A kés az ott volt végig a kezében, de csak hadonászott és kiabált, de 1-2 óra győzködés után végül hallgatott rám és késő este csak úgy volt hajlandó bemenni Sümegre, ha én is bent ülök vele a mentőautóban. Az öcsém és az akkori barátnője kocsival kísértek bennünket, hogy éjjel legyen mivel hazajönnöm. Valamikor éjfél után értünk haza, a nagybátyámat otthagytuk a kórházban. Ekkor döntöttem el, hogy ha engem ennél jobban kikészítenek idegileg, én valakit vagy magamat megölök otthon, vagy nem marad jártányi erőm sem az újrakezdésre.

Végigdolgoztam a nyarat, két munkahelyem volt, hogy összeszedjem a pénzt az angliai útra. Napközben egy étterem konyháján voltam amolyan mindenes, éppen csak szakács és hentes nem, utána hazamentem, lefürödtem, és mentem a város kertmozijába, amit gyakorlatilag én vezettem a nyitástól a zárásig. Volt, hogy 4 óránál többet nem volt időm aludni. (Számomra a Titanic volt az igazi katasztrófafilm, és nem a cselekmény miatt.)

Egy este, nyitás előtt odajött hozzám az iskola igazgatója, ahol anyu tanított, és elmondta, hogy ha anyu nem áll le az ivással, szeptembertől nem tudja alkalmazni. Akkor már anyu reggel a nagybátyám kocsmájában indított 1-2 felessel, és a táskájában is ott volt egy kétdecis, tehát már a gyerekek is látták rajta, hogy ittas. Én azt reagáltam az igazgatónak, hogy anyu még soha nem volt ilyen eltökélt, hogy kijózanodjon, hogy letegye végleg a poharat – bár én nem hittem benne csak reménykedtem. Azt hiszem, én hívtam fel előtte anyu nővérét, hogy segítsen, mert én kifogytam az erőmből és a hitemből is. Anyu nővére '98 nyarán elvitte anyut magukhoz Pápa mellé, egy kis faluba, Pápán fizette a pszichiátert, és úgy tűnt, anyu akkor elérte a mélypontját, mert akkor felállt valami hihetetlen módon és akaraterővel. Azóta egy kortyot nem iszik.

Én végigdolgoztam a nyarat, fizikailag és idegileg is kimerültem, de '98 szeptember 5-én elindultam zéró angoltudással Angliába, kb. két váltás ruhával a kölcsönkapott bőröndömben.

Az angliai 4 év még saját viszonylatban is nagyon viszontagságos volt. Megérkezve a Victoria Coach Stationre, Kata nem várt ott, ahogy megígérte. Rajta és egy kinti közvetítőirodán keresztül Délkelet-Londonba kerültem, egy nigériai családhoz. Semmiben nem tartották magukat ahhoz, ami a meghívólevélben szerepelt. Au-pairként reggeltől estig el voltam foglalva azzal, hogy egy 4 és egy 7 éves kislányra vigyázzak. Az egyiket óvodába, a másikat általános iskolába kellett vinnem, és mennem értük. Egy pillanatra nem lehetett őket magukra hagyni. Nem csak hogy nekem, de a gyerekeknek sem volt mit enni adni: a hűtőláda és az étel el volt zárva a garázsba. A fizetésemnek csak egy töredékét kaptam meg, nyelviskola sem időben, sem pénzben szóba sem jöhetett. Az útlevelemet is elvették. Ezt úgy 4 hétig bírtam majd felhívtam egy magyar származású nőt, akinek volt egy au-pair-közvetítő irodája, az elérhetőségét még a buszon kaptam meg. Ő hozott el onnan, és költöztetett magához.

Kezdetben nagyon segítőkész volt, megértő, szeretetteljes. Próbált nekem családot találni, de olyan gyenge volt az angolom, hogy sehol nem mertek alkalmazni a gyermekeik mellé. Ekkor kialakult az az „eljárás", hogy ahonnan Andrea au-pair-jei egy szó nélkül távoztak, én oda átmenetileg beugrottam. Így a kint töltött idő alatt laktam vagy 15 családnál, és jobban ismertem Londont és a tömegközlekedését, mint egy született londoni. Már az elején, Andreáéktól elkezdtem nyelviskolába járni heti 15 órában. Gyorsan fejlődtem, '99 februárjában sikerült elhelyeznie egy családnál, de ott a nő állandóan azt figyelte, mit, mikor és mennyit eszem, pedig 64 kg voltam és annyit ettem, mint a család bármelyik tagja. Egy nap azt mondta, hogy ő ezt nem bírja tovább fizetni és kiadta az utamat. Mit mondjak. 75 pence értékű bagettet ettem télen, a hidegben, a padon ülve, mielőtt bementem a könyvtárba tanulni, csak hogy ne baszogasson már az evés miatt. Még azt is figyelte, hogy hány kávét iszom egy nap. Egyszerűen kicsinyes és undorító volt a viselkedése.

Vissza Andreáékhoz, nyárig ott is maradtam, most őutánuk takarítottam: én voltam a kertészük, autót mostam, takarítottam, mostam, főztem, vasaltam, mindent én csináltam, közben a menekült au-paireket is én rendeztem. Ebben az egészben már nagyon kikészültem idegileg, de ennek csak fizikai tünetei voltak. Rendkívül gyenge és fáradékony lettem, semmi étvágyam nem volt, és még sorolhatnám a lelki és fizikai tüneteket. A háziorvos alaposan megvizsgált, még teljes vérképet is néztek, de úgy tűnt, hogy fizikálisan rendben vagyok. Ekkor írtak fel először nekem antidepresszánst, valamikor '99 tavaszán. Először 25 mg-ot, majd dupla adagot belőle, utána Prozacot. Új erőre kaptam. Szuperül éreztem magam tőlük egy hónapon belül. Tudtam újra plusz takarításokat, kertészkedést vállalni, nyelviskolába járni, beugrani egy-két hétre, esetleg egy hónapra családokhoz, és e mellett persze takarítottam a szart Andreáék után. Megkerestem a következő évi tandíj árát. Az első év után hazautaztam 4 hétre, de nem találtam a helyemet, tökéletesen felesleges volt hazajönnöm, ráadásul hirtelen abbahagytam a gyógyszerek szedését, amitől az iszonyú, 24 órás, viszketésen át mindenféle megvonási tünet jelentkezett. Pocsékul voltam.

A második évet egy családnál töltöttem. Igazi kékvérű angolok voltak, nagyon távolságtartóak, nem éreztem ott jól, kényelmesen magam, már csütörtök este leléptem, miután náluk mindent megcsináltam, a hétvégét meg végiggüriztem Andreáéknál. Hát persze, hogy megszerettek. Nem volt gyermekük, Andrea egyébként az Eton College-ban tanított csellót előtte hosszú évekig, a férje, Richard, a BBC Concert Orchestrában nagybőgőzött, művelt emberek voltak és művelt társaságokba, gyakran híres emberek közé jártak, és Richard az ország minden pontjára elvitt magával a koncertjeikre, így megismertem egész Angliát.

Andrea minden évben szervezett utakat az au-paireknek Párizsba és Skóciába, így négy hosszú hétvégét töltöttem Párizsban és háromszor jártam Skóciában. Skóciában talán 2000-ben füveztem először, hasist szívtam – akkor „teljes sikert" aratott nálam.

Akkorra már gyűlöltem Andreát: egyfolytában, az első pillanattól kiszámíthatatlan volt, és beszámíthatatlan. Néha iszonyatosan le tudott szidni a lábamról a semmiért, gyakran semmi sem volt elég tökéletes neki. Lehetetlenség volt vele együtt élni. Rövid időn belül szabályosan féltem tőle, ahogy aputól. Nagyon hasonló temperamentumuk volt, mindketten agresszívek voltak, a különbség csak annyi volt, hogy Andrea nem ütött meg. És valahogy úgy működött, hogy az egyik pillanatban szeretett és elégedett volt mindennel, a következőben leüvöltötte a fejem, hogy például „Miért nincs még kész a vacsora?". Egyik külföldi utat sem tudtam igazán élvezni, mert úgy éreztem, én vagyok Andrea csatlósa: ahogy csettintett, nekem ugranom kellett, és intézkednem.

A legszörnyűbb a harmadik évem volt Angliában. Lejárt a kétéves au-pair vízumom és full-time student visára volt szükségem. Ehhez be kellett fizetnem a tandíjat egy évre előre egy nyelviskolába. Dél-Londonban, ahol Andreáék éltek, én már az elején elkezdtem egy nyelviskolába, a London Academyre járni. Most adódott a lehetőség, hogy újra ott tanuljak, ráadásul elég volt fél évre befizetni a tandíjat, az iskola az egész évet leigazolta a Home Office felé. Túl szép volt, hogy igaz legyen. A Londonban töltött második évem után újra hazautaztam, de ezúttal bölcsebb voltam: csak két hétre jöttem haza. Csak mert fizikálisan rendben voltam, szedtem a gyógyszereimet, most egész jól éreztem magam itthon. Összesen egyébként kétszer voltam itthon a négy év alatt.

Visszautazva bepecsételték az egyéves diákvízumot, én pedig újra Croydonban voltam, a London Academyn. A gond csak az volt, hogy 3 héten belül a második tanár sem tudta biztosítani az Advanced level-t. Beszéltem az iskola igazgatójával, hogy nekem nyelvvizsgára van szükségem, nem a vízumért vagyok itt, szeretném felmondani vele a szerződést, hiszen ő egy harmadik tanárt már nem volt hajlandó szerződtetni, én pedig nem azért vagyok itt, hogy én tanítsam az esetlen tanárnőt, hogy ezen a szinten hogyan és mit kell tanítani. Azt felelte, oké, jogos, menjek vissza másnap, levonja az egy hónapot, de csekken visszafizeti a fennmaradó összeget. Felhívtam Andreát, aki jól ismerte Jonathant, mert majdnem szerződött vele egy közös üzletre, de Andrea rájött – vagy azt hitte –, hogy Jonathan át akarja verni, ezért tüske volt egészen eddig a napig a szemében. Ezért Andrea azt válaszolta nekem, hogy ha „te ezt az ügyet nem viszed a bíróságra, mire hazaérsz, a holmidat az utcán találod". Ő az az ember volt, aki ezt minden további nélkül be is tartotta volna. Próbáltam meggyőzni az egész ötlet abszurd voltáról, de csak kiabált, hajthatatlan volt. Úgyhogy bepereltem egy londoni nyelviskola igazgatóját szaros 22 éves magyarként, amikor még az Unióban sem voltunk benne, és egy fájdalmas, gyötrelmes év, két bírósági meghallgatás után megnyertem a pert, de a pénzemet, amiért vagy fél évet kertészkedtem illegálisan a 30 fokban, soha nem láttam viszont, mert a bíróság nem kötelezhette Jonathant, hogy fizessen, csak az ítéletet hozhatta meg.

Én ez alatt az egy év alatt teljesen rákaptam az ivásra, rengeteget ittam, általában fél liter whisky vagy gin volt az alap/nap, erre még, hogy éjszaka el tudjak aludni, megittam egy üveg bort vagy pár doboz Guinness-t. Andrea őrült dolgokat művelt, és kényszerített, hogy megtegyek, csoda, hogy megnyertem a pert. Éjszakánként nem tudtam aludni, mert nem tudtam, mikor ront rám, hogy „Te tudsz aludni?! Te ilyenkor tudsz aludni?!" Na, ilyenkor nyúltam a Ciderért, hogy tudjak aludni, mert másnap iskola Wimbledonban vagy kertészkedés várt rám. Anyuék persze szinte semmit nem tudnak erről az egészről, hogy ebben totál kikészültem idegileg, semmit.

A negyedik évem nyugisan telt egy nyugat-londoni gazdag jogász családnál. Nagyon jók voltak hozzám, rendes emberek és korrektek voltak, egy szavam nem lehet, de az ivással nem tudtam leállni és egy olyan társaságba kerültem, ahol rendszeresen elkezdtem füvezni, cannabist és hasist szívtam, persze szorgalmasan szedtem a gyógyszereimet is.

A harmadik évemet követően, a nyáron meghívtam anyut 10 napra vagy 2 hétre, már nem emlékszem pontosan, mindent az utolsó fillérig én fizettem, természetesen: a jegyeket a BA-nél, a belépőket, az ételt, az utazást. Elvittem és bevittem mindenhová, ahová turista bejuthat, a Buckingham Palotától a Parlamenten át Brightonig. Felejthetetlen élmény számára, mindenre pontosan emlékszik a mai napig. Megérdemelte. Egész életemben ennyit tudtam adni neki, ennyit tudtam tenni azért, hogy néhány napig elmondhassa: „Ezért érdemes volt."

2002 tavaszán letettem a Cambridge Proficiency Nyelvvizsgát, és szeptemberben végleg hazajöttem.

Nem tűnik olyan nyomorultnak, de nagyon kínzó, gyötrelmes négy év volt. Nem is nagyon tudtam az emberek közé, társaságokba beilleszkedni, magányosnak, elhagyatottnak, szorongónak éreztem magam, és ilyenkor csak ittam és füveztem. Ők voltak a két jó barátom.

Az élet fájdalmas csalódások sora,
Csak azt nem értem én, hogy egyesekhez mért oly kegyes,
Míg másokhoz mért oly mostoha.
Hiszek a Sorsban, a sors igazságtalanságában,
Nem értem, miért a vétlenek szenvednek,
S nem a gyarlók ebben a predesztinált világban.
Életünknek nem csupán borítója van.
Az évek múltával sorokkal íródott tele,
Melyeknek mély jelentésük, s jelentőségük van.
De ez az ítélkező, bíráló társadalom nem lát, nem hall,
mert nem kíváncsi másra, csak amit hinni akar.
Távol áll tőle az élet objektivitása.
Az „én" az első, a „te", a „mi" nem létezik
önközpontú világában,
Keresztültaposnak könyörtelenül bárkin,
Az elszenvedő nyugalma, boldogsága, élete árán is.
Materialista világunk ezt követeli.
Nem is bántok senkit, mert családját,
karrierjét mindenek fölé helyezi.
De miért bántja Isten az igazakat,
Kik merik, s őszintén vállalják valódi mivoltukat?
S nem tudnak szó nélkül elhaladni az álszentség,
képmutatás, hazugság görbe tükrének mennyezete alatt?
De legfőképp azokat, akik merik vállalni véleményüket,
akár a következmények terhe alatt?
Túl kevés az igaz, túl sok a képmutató,
S a sors úgy rendelte el, hogy sírjanak
a fájdalomtól az ártatlanok,
Míg hedonizmusukba fulladjanak a vétkes irigyek s hazugok.

Az elmúlt években eltöltöttem tökéletesen értelmetlenül 4 hónapot a Thalassa Házban, 2012-ben 6 hónapot, majd 2017/'18 fordulóján 4 hónapot egy Baranya megyei kórház addiktológiai és rehabilitációs osztályán, ami egy gyógyszermentes terápia, és 20 évnyi gyógyszerezés után 3 hét leteltével mindent elvettek tőlem. A megvonási tünetek hónapokig olyan leírhatatlanul elviselhetetlenek voltak, hogy egyfolytában csak az járt a fejemben, hogy a pokolnak is különböző bugyrai vannak, és én most valahol ott vagyok valamelyikben.

De még szörnyűbb volt, ami azután következett: az élhetetlenül, elviselhetetlenül szörnyű szorongás, ami egyre csak súlyosbodott, miközben az egyetlen tény, ami enyhített szánalmas létemen, hogy olyan erős vonzalmat tápláltam a terapeutám iránt és már olyan beteges mértékig idealizáltam őt úgy amblokk, hogy féltem a saját érzéseimtől. Ijesztő volt, ahogy szinte beleborzongtam a vágyba, amit keltett bennem, ahogy ült velem szemben és beszélt hozzám. Úgy éreztem, éveket adnék az életemből, ha egy éjszakát vele tölthetnék.

A vérnyomásom beállt 200/115-re, amire adtak szívritmuszszabályzót, a 4 hónap alatt tízszer voltam a szemészeten, mert a kötőhártya-gyulladástól az extrém fényérzékenységig véget nem érően mindent elszenvedtem. Olyan allergiás reakcióim voltak, hogy hetekig nem tudtam aludni, mert ültem az ágyon, köhögtem, és úgy éreztem megfulladok. Úgy fájt a torkom és a fülem, hogy már nyelni és beszélni is alig tudtam, erre adtak allergia elleni gyógyszert, és tényleg még lehetne ragozni, de csak szeretném, ha valahogy sikerülne valamit eljuttatnom abból, hogy én az utolsó pillanatig hittem és mindent megtettem, ami akaratból és emberileg lehetséges, hogy nekem ott segíteni tudjanak, hogy (meg)gyógyuljak, már mindenféle tablettát, kenőcsöket, cseppeket adtak, csak azt nem, amire a legnagyobb szükségem lett volna: egy olyan pszichoterápiás kezelést, ami az én alap problémámon segít, ahol a bajok gyökereznek, és nem ahol végződnek. A függőségem egy következmény, egy tünet, egy okozat. Az én egyszerű eszemmel így látom, így érzem.

Voltak öngyilkossági kísérleteim – mindig gyógyszerrel –, előfordult, hogy beszedtem egyszerre 400-500 mg antipszichotikumot, azt remélve, hogy majd csak végleg elalszom. Úgy 24 éves korom óta rendszeresen, vissza-visszatérően falcolok; ha tehetném, úgy értem, ha nem maradna nyoma, szerintem hetente csinálnám. Először pengével vagdostam magam, de az nem olyan fájdalmas. Nekem az kell, hogy fájjon, ezért égetem magam, és általában ugyanazon a helyen, hogy minél fájdalmasabb legyen és minél kevesebb heg maradjon utána.

Jelentkeztem, és 2018. június 05-ei kezdéssel végeztem el egy terápiát a Nyírő Gyula Kórház kényszerbetegséget kezelő részlegén, mert úgy érzem, hogy ez a baj annyira akut és kezelhetetlen, hogy mindenekelőtt ezzel kellett valamit kezdeni.

Valójában néha úgy érzem, hogy nincs szünet, nincs pihenés, nincs töltődés. Ahogy a borderline-osok, én is mindent és mindenkit fehéren vagy feketén látok, nincs átmenet, ahogy egyensúly, harmónia sincsen. Időnként megtapasztalom – ahogy korábban már írtam –, mi az a lelki béke, de néha arra gondolok, hogy nem is akarom megtudni, mert az piszok unalmas lehet. Kell a pörgés, „kell" az őrület, de azt hiszem, csak azért, hogy ne kelljen emlékeznem és ne kelljen a jövő miatt rettegnem. Ha emlékezem, ha tervezek, annak nyugtató nélkül gyakran fájdalom és szorongás a vége, és indul az ördögi kör elölről.

Az eltelt 5 év az útkeresésről, illetve a kiútkeresésről szólt. Számos alkalommal megfordultam a pszichiátrián, első alkalommal közel 6 hónapot töltöttem el ott. Szükség volt rá, mert bekerülésemkor úgy éreztem, megtébolyodom. Kimondhatatlanul gyötört az indulat, a düh, a harag, rendkívül feszült és agresszív voltam. Tisztán éreztem, hogy ez nem én vagyok; úgy éreztem, becsavarodom, megbolondulok és képtelen voltam lehiggadni, sőt azt éreztem, hogy ez a kínzó érzésvilág egyre inkább a hatalmába kerít. Egyszerűen nem bírtam elviselni a létet, amelyet el kellett szenvednem, a saját bőrömet le tudtam volna nyúzni. Nem láttam más választást, kihívtam magamra a mentőket, akik azonnal bevittek a pszichiátriára.

Ott, akkor úgy éreztem, csak egy lépéssel van lejjebb, és az a halál. A pszichiáterem és a pszichológusom kitartó munkájának köszönhetően egy egészen élhető állapotba hoztak, embernek érezhettem magamat. Még Skóciában, Edinburghban is eltöltöttem egy hónapot. De röviddel hazaérkezésem után felköltöztem Pestre, ahol borzasztóan magányosnak éreztem magamat. Felhívtam hát az egyik rég nem látott barátnőmet, aki meghívott magához. Akkor már nagyon magamba voltam fordulva, ismét céltalannak, értelmét vesztettnek láttam az életemet. A barátnőm egy üveg ginnel és úgy 5 utcányi speeddel várt, azt csak nekem törte össze. Természetesen szedtem a pszichiátriai gyógyszereket és már olyan szinten nem érdekelt a sorsom, hogy mind az 5 csíkot felszívtam, és ketten megittunk egy üveg gint. Én az egész éjszakát ébren töltöttem, egy hunyásnyit nem bírtam aludni, de nem is akartam, mert valami csodálatos nyugalom és béke kerített hatalmába. Amikor korán reggel taxival hazamentem, még mindig éreztem a hatást, de ahogy másnapra kitisztultam és a következő napokban képtelen voltam leállni az ivással, újra beimádkoztam magam a pszichiátriára, mert nem láttam más megoldást az életben maradásra.

Így megy ez időről időre, amíg tartani tudom magam a kinti világban, amíg még bírom lelkierővel, amíg visznek a lábaim, néha már félig öntudatlan állapotban, amíg anyám anyagi támogatásával fenn tudok tartani jelenleg egy albérletet, miközben online tanítok, igyekszem az egészséges embernek legalább a látszatát fenntartani.

Azt azonban az eltelt közel egy évben megtapasztaltam, hogy a múlt sebeinek feltépésénél nincs fájdalmasabb, kínzóbb és embert próbálóbb lelki agónia. Ha nem hinnék a gyógyulásomban, de legalább egy élhetőbb létben, már réges-rég feladtam volna.

Sorokban valahogy így összegezném az elmúlt éveket, de alaposabban visszagondolva az egész életemet: Hova tűntek a gyermekkori álmok?

Hova tűntek a gyermeteg csodák?
Mit a szikrázó Nap képében láttunk sejleni
az indián nyár levelein át?
Hova tűntek a parkban gondtalan beszélgető anyák,
Amíg gyerekeik önfeledten nevettek zajos, őszi délután.
Hova tűntek az utcán kézen fogva sétáló szerelmes párok,
Kik rózsaszín ködben csókolták egymást,
S egymás szemében tükröződő boldog mosolyaikon kívül
Nem is láthattak mást.
Vagy ez csak gyerekkori illúzió volt csupán,
hol egy torzított tükrön át láttatta velem az én Istenem,
Hogy felülkerekedhessek zaklatott éveimen?
Tán nem is volt igaz, tán soha igaz sem volt,
de a túlélés érdekében Istenem csak a szépet,
Csak a csodát villantotta fel olykor nekem.
A Nap lenyugvó sugarait tükröződni az én Balatonom,
csendes, csillámló vizén,
Míg vállamat a parton ülve simogatta a hűvös, lágy,
naplementi szél.
Mindez a régmúlté. Soha nem tér vissza már,
csak az emlék fájdalma marad, s a kiábrándultság,
Hogy nem élvezhetem többé az én édes tavam látványát a
gyermeteg illúzió szubjektív, csalfa szemüvegén át.

Ím, betöltém a 45-öt, s mi változott? Semmi.
Semmi sincs, ahogy soha nem is volt, ami ehhez a földhöz köt,
Nyugodttá vagy boldoggá tudna tenni.
Maradt a düh, a széjjelszakító indulat,
Gyűlölök mindenkit, aki mellettem valaha akár csak elhaladt.
Mert csak ártottak, bántottak, megszégyenítettek,
S aki segítő szándékkal fordult felém, csak fájdalmat,
bánatot hagyott maga után.
Rávilágított életem értelmetlenségére, s úgy éreztem,
nem is maradt semmi és senki,
Akibe magamon kívül kapaszkodhatok.
Egyedül vagyok, nem merem már rábízni magam segítő kézre,
Ha 45 évből kínzó szenvedés maradt,
mi változna a fennmaradt néhány évre?
Nem bírok már szembenézni a múltam meghurcoltatásaival,
a jövőtől rettegek,
Így mi mást is érezhetnék, mint szorongok, félek, megdermedek.
Nem vagyok teljes értékű ember, s nem érzem magam nőnek,
Mégis, hogy érezhetném így magamat szerethetőnek?
Ha tehetem, elbújok az emberek elől,
szeretnék láthatatlan lenni,
Vagy bárhol, egy lakatlan szigeten, mindegy,
csak ne lásson, ne találjon rám senki.
Milyen egy elbaszott élet ez?
Ahol rettegek a fojtogató magánytól,
De éppúgy szorongok a jó emberek,
barátok meghitt társaságától?

Mi okoz örömet? Szó szerint semmi. Én-célú,
öncélú életemben, önjelölt börtönömben nem talál rám senki.
Nem nyújthat örömöt a magány, sem biztonságot,
így a nap 24 órájában némán segítségért kiáltok.
Félek. Mitől? Mitől nem. Félek az élettől, a haláltól,
a magánytól, a magamra utaltságtól.
Félek az emberektől, a társaságtól, a friss levegőtől,
a forgalom zajától.
Állandó készenlétben vagyok, mint az űzött vad,
kit hajtanak, de nem talál kiutat.
El vagyok keseredve, a halálba kívánom magam, s időnként
mérhetetlenül dühös vagyok Istenre, hogy ez minden,
amire telt tőle,
Mit megérdemlek, kaphattam s kapok tőle.
Szorongok, hogy járni alig bírok.
Most is csak a könnyeimet ontanám,
De még sírni sem tudok úgy igazán, szívből,
pedig talán az enyhülést
Hozhatna sajgó lelkemre.
Tudom, hogy elmúlik, de mégis meddig,
s hányszor és hányszor kell még
Kitartanom, míg végre élvezhetem
a virágba borult tavaszt egy csodás
napon?

Fáradok. A depressziótól a fejem hasogat,
s szürke homályban úszik
Lelkem, mert senkim sincs és semmim sem maradt.
Rettegek, hogy búskomor magányomat már
nem sokáig bírom, és lelkem és
elmém börtönébe zárva, a kiutat nem találva,
hányatott sorsomat végleg
Lezárom.
Nincs kiért élnem, s nincs, ki értem éljen,
életem értelmet vesztett
Hát,
Nem hiszem, hogy a szerelem még köszönthetne rám.
Amim maradt, nem kézzel fogható: törődés,
gondoskodás, szeretet, s tán
Némi bölcselet, az enyészeté lett.
Az életem egy marék port nem ér, könnyebb hát,
ha én is hamuvá s porrá leszek.
Lelkem végre megpihenne, s nemlétem végre
értelmet nyerne, ahogy egy
Szenvedő lélekkel kevesebb lenne ezen
a csodálatos helyen, ahol csak
Én nem láthatom a csodát csak a kín,
a szenvedés, a gyötrelem
Halmazát.
Mind e végre minek is éljek tovább?
Remegek. Szédülök. Zavarodott vagyok.
Az ilyen órákban a négy fal közül
Még kimozdulni sem tudok. Mozdulatlan vagyok.

Sivár, kietlen pusztaság a lelkem, ha belelátnál,
csupán űrt, s lelki
Sebeket találnál.
Ez az ösvény – amelyen nap mint nap taposok –
egyirányú, s nem visz sehova.
Nem kitaposott úton járok, az az egészségesek és boldogok
privilégiuma.
A rögös, járatlan út nem kellemes és nincs virágszirmokkal
beszórva,
Az én utamat indák sűrűje, buja,
áthatolhatatlan s átláthatatlan
Növényzet szőtte be.
Én itt most megállok. Lábaim nem visznek tovább.
Akaratom elfogyott, lelkem segítségért kiált.
Nem látok a sötétségben, s nem érzek
a kétségbeesésen kívül mást.

Félek, rettegek, nem élem túl a rám váró életet.
Hideg van. Fázom. Meleg ölelésre vágyom.
De akit álmomban látok, a valóságban csak a hiányát találom.
S ez az űr a lelkem emészti fel,
s kínzó fájdalmat hagy maga után,
De továbblépni kell.
Le kell gyűrnöm magamban a finom érzéseket,
elnyomni mélyre,
Mert nem tehetem, hogy célomat vesztve elérzékenyüljek.
Nehezen megy az írás, mert a szűnni nem
akaró sírás kerített hatalmába.
Tán így enyhül a szorongás,
de a tiszta boldogság ízét még nem ízleltem soha.
Csekély lelki megkönnyebbülésen túl többet, jobbat,
szebbet, én azt hiszem, hogy már nem remélhetek.
Isten elindított egy küzdelmes úton, de ez a bátrak csatája.
Az én lábaim elgyengültek, már nem az vagyok ki,
egykoron a pofonokat rezzenéstelenül állta.
Egyetlen célom szeretni és szeretve lenni,
Igaz, őszinte, hű társra lelni.
Mert magányosan csak a magam ellensége vagyok,
S zihálva kapkodom a levegőt,
ha kilépek a vadakkal zsúfolt világba.
Bátorságot is már csak függőségeimből merítek,
S csalfa lelki békét is már csak azoktól remélek.
De nem! Démonjaimat rendíthetetlen eltökéltség
és akaratom kell, hogy leküzdje,
Még ha a kitaposott ösvényt a járatlanra is cseréltem,
Nem hagyom a semmibe veszni az apró célokat,
melyeket elértem.
Álljon anyám példája, mint ellenpélda előttem,
Eljött az idő, hogy a hamis utat az igazra cseréljem.
Ha más nem marad, hát izomból úszok az árral szemben,
De a siker ízét és az első igaz szerelmet, e két nagy álmomat,
Melyek után epekedve kapaszkodok,
Ebben a földi létben egy nap még muszáj megélnem.

Keresem, kutatom kiutam hamis és valós félelmekkel,
Nem tudom, nem tudhatom, célt érek-e, de még célom i
s homályos, ahogy halandó lelkem halad harcos utamon.
A rímek elfogytak, csak a zakatolás a fejemben, ami megma-
radt ebben az embertelen küzdelemben. Már-már
önkívületben vagyok, s félek, maradok, észrevétlenül
eltávozok, s vajon hoz-e a jövő értelmet nyerő létet
eddigi értelmetlen létezésembe.
Szaladok, rohanok, ész nélkül maratont futok, utamat
taposom, de félek, elbotlok, s nem lesz erőm újra felállni,
s a földön fekve egyedül maradok,
Pusztulásba, rothadásba, méltatlan módon belehalok a rám
váró csatákba. Szorongásom tárgya, hogy nem bízok
magamban, s a küzdelmekben sem számíthatok másra.
A biztonságérzet hiánya, amitől hol egyet lépek előre,
hármat hátra. Fuldoklok, elmerülök, aztán a felszínre úszok,
de a biztonságot nyújtó partra, félek, sohasem jutok.
Sötétség a lelkemben, körülöttem is alig pislákol a fény,
Belehalok, hogy fényesség és oxigén híján elfogy a remény
a semmi közepén.
S most is ki tudja, meddig, katatón sodródok úttalan utakon,
s nem tudom, hogy végül a kiút,
Vagy egy zsákutcába jutok életem egyik leghosszabb,
legzordabb telén.

Hova tűntek a gyermekkori álmok?
Hova tűntek a gyermeteg csodák?
Mit a szikrázó Nap képében láttunk sejleni
az indián nyár levelein át?
Hova tűntek a parkban gondtalan beszélgető anyák,
Amíg gyerekeik önfeledten nevettek zajos, őszi délután.
Hova tűntek az utcán kézen fogva sétáló szerelmes párok,
Kik rózsaszín ködben csókolták egymást,
S egymás szemében tükröződő boldog mosolyaikon kívül
Nem is láthattak mást.
Vagy ez csak gyerekkori illúzió volt csupán,
hol egy torzított tükrön át láttatta velem az én Istenem,
Hogy felülkerekedhessek zaklatott éveimen?
Tán nem is volt igaz, tán soha igaz sem volt,
de a túlélés érdekében Istenem csak a szépet,
Csak a csodát villantotta fel olykor nekem.
A Nap lenyugvó sugarait tükröződni
az én Balatonom csendes, csillámló vizén,
Míg vállamat a parton ülve simogatta a hűvös,
lágy, naplementi szél.
Mindez a régmúlté. Soha nem tér vissza már,
csak az emlék fájdalma marad, s a Kiábrándultság,
Hogy nem élvezhetem többé az én édes tavam látványát a
gyermeteg illúzió szubjektív, Csalfa szemüvegén át.

A remény tengerén
Bizonytalanul, inogva álltam, mint kisgyerek.
Ki utamon vezethetett? Senki nem fogta kezemet.
Egyedül, mély sebek árán tanultam meg, merre s hogyan,
S elkövettem jó pár hibát biztosan.
Lassacskán, kínok árán fejlődtem, felnőttem.
De csak testben 40 évesen, mert a lelkem mélyén
még mindig csak egy riadt kisgyerek vagyok,
Ki keresi útját egy keskeny ösvény mentén haladva,
remélve, ott lel igaz utat.
Mindig a peremen haladván, hittem, ott biztonságosabb.
Kívülről figyeltem a „tapasztaltabbakat",
Ki, mit hogyan csinál, és a végén milyen sikert arat.
Így nőttem fel örök elégedetlenként,
Mert a tükörbe nézve nem láttam mást, csak egy vesztes ént.
Tanultam és megtettem mindent, mi erőmből telik,
Hogy elfogadást, szeretet nyerjek, s ekképpen leljek lelki békére.
De hiába volt minden. Minden sikerem magától értetődő vagy
észrevétlen maradt,
Nem nyertem hát el már gyermekként sem hőn
áhított biztonságomat.
De helyette már gyermekként megragadott,
s szorított magához a remény és az álom.
Álmaimat elvesztettem, de a remény velem maradt,
mint hűséges, örök barátom. Mindig tudtam,
hogy remény nélkül nem evezhetek az élet e viharos tengerén.
Így már ki tudja, mikor, oly korán,
Valamikor életem hajnalán lapátot ragadtam,
S evezek a remény tengerén bátran, bársonyosan.

Mosolyogva pofoz az élet, s én mosollyal az arcomon
várom az ütéseket.
Nincs, ki megvédjen tőlük, így én csak az élet arcába nevetek.
De ez csak az álarc, valójában csak egy riadt kisgyerek vagyok,
Ki félve, szorongva egy szebb, teljesebb, szabadabb
világot remél, máskor csak álmodik.
A falakat én építettem magam köré, a hitben,
hogy így biztonságosabb,
És most képtelen vagyok lebontani őket,
s egy szűk ketrecbe zárva érzem magamat.
Most félek igazán. Mindentől. Mindenkitől. De a legfélelmete-
sebb, hogy konstans harcomban Egyedül vagyok. Teljesen egyedül.
Legfőbb vágyam, hogy gondtalanul, önfeledten,
szabadon járjak-keljek az emberek között,
De valahogy én másnak érzem magamat, idegennek, kívülállónak,
S ez az, ami röghöz köt, kötött.
Az anyagi világ nem érdekel,
nekem mélyebb gondolatok keltik fel érdeklődésemet,
Ahol őszintén megnyílik a lélek,
s a szellem utat tör magának a materialista világ fölött.
Lelki társról álmodom, kivel azonosulhatok,
s egy csésze kávé mellett ülve,
egy őszinte kitárulkozó beszélgetésbe belemerülhetek.
Nem tudom, hogy én nem vagyok elég kitartó
vagy nem a megfelelő helyen,
De így életem derekán mindössze egy őszinte,
mély, jóérzésű lélekre leltem,
Egy pillanat műve alatt azonban ő is elhagyott, elveszítettem.
Most gyászolom kapcsolatunk varázslatos emlékeit
s a semmiből előtört véget,
S tudom, hogy most újra reménykednem kéne,
De úgy érzem, az életben csak egyszer ajándékoz meg ily'
tiszta, háborítatlan, biztonságot adó kapcsolattal az élet.

Éld meg a fájdalmat, mi belőled árad,
Különben egész életedet felemészti a bánat.
Éld meg szeretteid, barátaid elvesztésének fájdalmát, csalódásait,
Hullajts könnyeket, amíg ki nem merülsz a végletekig.
Engedd szabadon dühöd, indulatod,
Ne fojtsd el az élet igazságtalansága fölött érzett haragod.
Engedd, hogy fájjon, mert nem az a bátor, ki elfojtja könnyeit.
Bátor az, ki meri megélni, felvállalni érzéseit.
Beszélj róla, vagy csak írd ki magadból a Sorsod
által rád ruházott terheket,
S ne mesélj helyette hamis, felszínes, álmodott képzelgéseket.
Tárd ki szíved kapuját, tárd ki lelked,
nyisd meg elméd legsötétebb, legelfojtottabb zugát.
Ne süllyedj el csendes magányodban,
mélyen elhallgatva elviselhetetlen agóniád.
Légy őszinte magadhoz, s gondolkodj el rajta,
mi is az, ami benned segítségért kiált,
Majd győzd le egód, s oszd meg egy bizalmas baráttal
nyomasztó félelmeid okát.
Mert aki fél, az fájdalomban él, s lelke beteg, s az idő
múlásával féltve őrzött „szégyened" megbetegíti testedet.
Ne várd meg, amíg teljesen tönkre nem mégy,
s az utcára is már csak remegő, reszkető lábakkal lépsz.
Ne várj, míg azt hiszed, te gyengébb vagy másoknál,
Valójában erős vagy, mint a szikla,
Mert mindent, mit elértél, hatalmas súlyokat egymagad cipelve,
Gyakran csak botladozva,
egyik lábad a másik után rakva vitted véghez.
Hát légy büszke magadra!

Születtek álmaim, majd tavasszal virágzó nárciszokként
nyiladoztak vágyaim.
A kettő – mese és vágy valósága – gyakran fedték egymást,
s ezek voltak legnaivabb, de legszebb éveim.
Ahogy értem, éledeztem, azonban álmaimat szépen
lassan elveszítettem.
De a hitem és vágyaim kar-karöltve cipeltek előre rögös utamon.
A biztonságot és támaszt, melyekből az erő és önbizalom
árad, azonban csak hamis képekben, személyekben,
ábrándokba csomagolva tapasztaltam meg.
Fáj, hogy úgy teltek el az évek, hogy az odafigyelés,
törődés, s a szerelem sohasem hasított villámként belém,
Csupán hamis illúziókat, s plátói szerelmeket kergettem,
hogy lelket öntsenek belém.
Hihetetlen, hogy milyen ostobán be tudjuk csapni önnön
magunkat, álmokba, mesékbe révedezve ringatjuk
el éjjelente saját magunkat;
Nem számolva, s nem számítva arra,
hogy egy napon elkerülhetetlenül a padlón fekve,
Elveszve, zokogva találjuk magányosan magunkat.
Mert egy nap szembe kell nézni a valósággal s mindazzal a
fájdalommal, ami vele jár, és ott vagyunk, ahonnan elindul-
tunk, hamis álmok kergetése nélkül magunkra maradtunk.
Hiszek benne, hogy a seb begyógyul, de a heg örökre megma-
rad, mint fájdalmas emlékeztető arról a világról,
amelybe ringattad magad.
Mily' ellentmondásos! Mindaz, ami szép volt, s vitt, lendített
előre bennünket, energiával töltött fel olyannyira,
hogy legyőzhetetlennek hittük magunkat;
Most a porba hullva poraidból támasz nélkül ráébredsz, hogy
magadban kell hinned, mert születésed és elmúlásod közötti
utat valójában egyedül önmagadra számítva teszed meg.
Minden más csak hiú ábránd. Gyermeteg álom.

Ember van.

EMBER van. Embertelen világban.

Mindenhatóság-tudat van. Lelketlenség van.

Hatalomvágy van, amíg hatalom van.

Kimondhatatlan szavak vannak.

S kérdőjelek utánuk. Bizonytalanság. Bűntudat van.

Okkal vagy ok nélkül.

Igazság van.

Igazságtalanság van.

SZERETET van.

Szeretethiány van.

Csalódottság van.

Fájdalom van.

Gyógyulás is van, de ott heg is van.

Ahol öröm van, ott bánat is van.

Őszinteség van. Nem éri meg őszintének lenni.

Ahol igazságérzet van, ott csendes magány van.

És elfojtás van. És düh van. Megbetegít.

TISZTA lélek van.

Lelketlenség van.

Rend van rend-ellenes világban.

Káosz van.

Könyörtelenség van a könyörületért imádkozóknak.

Amíg hit van, híd van.

Bátorság van.

EMBER volt és van.

Jövő van. Hit van. Remény van. Szeretet van.

Pillanatnyi csend. Pillanatnyi béke.
Nem hiányzik semmi. Odakint süt a Nap,
sugarai simogatják arcomat.
Bár örökre így érezhetnék! Úgy, ahogy a gondtalan emberek,
kik szorongás, félelem nélkül Élnek,
S nem tudják, milyen érzés az,
ha indulás előtt lábuk megbénul, megremeg.
De csitt! Élvezzük a csendet. most a
nyugalom érzése morzsol a szememre egy könnycseppet.
E pillanatban arra gondolok, hogy ezt érdemelném,
mint permanens állapot,
Lelki béke, nyugalom, harmónia, amiért minden reggel imádkozok.
S most elmorzsolom azt a végigfutó könnycseppet az arcomon.
Milyen gazdag is vagyok ebben a néhány áldott percben,
Tekintetem elrévedezik a horizontot érintő
Nap aranysárga fényében.
Küzdelmekkel tele volt a múlt, valójában más sem töltötte ki,
Harcosnak, magányosnak ígérkezik a jövő, de nem bánom.
Most TUDOK töltekezni.
Az élet küzdelmek sora, amit én nem bánok,
Csak a nyugalom s biztonság honolna lelkemben,
S nemcsak mint tünékeny álom.
De nem panaszkodom.
Láttam magamnál százszorta szerencsétlenebbeket,
Kiknek fedél sincs a fejük fölött, s egy falat sincs,
amit megegyenek.
Nekem mindenem megvan a kényelem terén,
Csak a lelki béke hiányzik. Ezért imádkozom újra, s újra én.

„To be nobody but
yourself in a world
which is doing its best day and night to make you like
everybody else means to fight the hardest battle
which any human being can fight and never stop fighting.”

E.E. Cummings

Saját fordításomban: Hogy önmagad légy egy olyan világban, ami szüntelenül azon mesterkedik, hogy ugyanolyan tucat légy ezen a bolygón, mint bárki más, akkor a legkeményebb csatát vívod, amit ember vívhat, és szüntelenül harcolnod kell.

Ezt az idézetet önéletrajzi könyvem végére azért választottam, mert te, ti, mi különféle pszichés eredetű problémáinkat vagy azt, hogy pszichológushoz, pszichiáterhez járunk, hogy életünket élhetővé vagy élhetőbbé tegyük, tán sokan titkoljuk, takargatjuk, és jó néhányan közülünk – talán nem tévedek, ha azt írom – még szégyellik is. Ne tegyük! Egyrészt azért ne, mert a legtöbb esetben mindannyiunknak van múltja; olyan múlt, ami azzá, olyanná formált bennünket, amelyek ma vagyunk a problémáinkkal, testi-lelki nehézségeinkkel együtt.

Én úgy tapasztaltam, hogy a körülöttünk élő emberek általában véve felszínesek és hajlamosak első benyomásra és a kellő információ hiányában is ítélkezni, elítélni másokat csak azért, mert nem illenek bele azokba a társadalmilag elfogadott normákba, külsőségekbe, formákba, amelyeket elvárnának tőlünk. Nem is veszik a fáradtságot, hogy mélyebbre tekintsenek. Keressék az ok-okozat összefüggéseket. Megbélyegeznek bennünket, és ez arra kényszerít minket, hogy titkolózzunk, hazudjunk, álarcok mögé rejtsük önnön magunkat. Pedig valójában az, hogy együtt élünk lelki gyötrelmeinkkel és körömszakadtáig azon küzdünk, hogy felépüljünk, de legalább megfelelően működtetni tudjuk életünket, mintha minden rendben volna velünk és bennünk, a legharcosabb, legerősebb emberekké formál bennünket, még ha kívülről tán ez a legkevésbé sem látszik.

Egyszerre küzdök borderline személyiségzavarral, bipolaritással, a bal szememre kisszeműséggel, amellyel – ahogy korábban már írtam – nem is látok, megannyi testi betegségem van, és még a saját nememhez is vonzódom. Aki mindezekért elítél, szíve joga. De nem tartom bölcs hozzáállásnak egy könyvet a borítója alapján megítélni, mert csak mi tudjuk igazán, milyen nehézségekkel küzdünk meg nap nap után, és hogy gyakran a puszta lét is milyen kimerítő tud lenni. Ahogy a pszichiáterem írta: „Jobb nem lesz, Réka, de lesz jobb." És a jóllét ezen rövidke intervallumai számomra egytől egyig apró csodák. Értük élek, és mindennél és mindenkinél jobban megbecsülöm őket.

A szerző

Somogyi Réka 1978. február 18-án született Zircen. Élete
nagy részét Balatonfűzfőn töltötte, a családi házban.
Apja villanyszerelő volt, 59 évesen hunyt el, édesanyja
matematika-fizika szakos pedagógusként tanított és volt
igazgatóhelyettese a helyi általános iskolának, a könyv
megjelenésének idején boldog nyugdíjaséveit élvezi.
Kettőjük közt állandó ellentétet és sok vitát szült, hogy
egyikük fizikai munkát végzett, míg a másikuk szellemit.
A szerző egész életére rányomta bélyegét, hogy látási
fogyatékkal született. Emiatt családja és környezete
őt kirekesztette, ami súlyos pszichiátriai és mentális
megbetegedésekhez vezetett. A gimnáziumot a várpalotai
Thury György Gimnáziumban végezte, majd érettségi
után két évet járt a Gábor Dénes Műszaki Informatikai
Főiskola kihelyezett tagozataira, majd ezt abbahagyta. Nulla
nyelvtudással utazott ki Londonba dolgozni, majd négy
év múlva letette a Cambridge Proficiency Nyelvvizsgát.
Hazatérve elveszítette a talajt a lába alól, ezért önbántalmazó
és -pusztító életmódba kezdett. Majd felvillant egy ígéretes
lehetőség: felvételizett a veszprémi Pannon Egyetem Modern
Filológiai és Társadalomtudományi Karának Anglisztika
szakára, amit vér és verejték árán sikerült elvégeznie,
miközben a mentális problémáival is egyedül küzdött.
Végül a segítséget a Sümegi Pszichiátriai Intézetben kapta
meg: a nővéreknek, de különösen a pszichológusoknak
és pszichiátereknek köszönhetően ma már teljes értékű
emberként él. Hálás Istennek minden lelki békében,
boldogságban eltöltött percért.